Keine Schuldigkeit ist dringender
als die, DANK zu erstatten ...
Zweifeln wir an unserer Schuldigkeit zu danken nicht, wenn
es sich um Hilfe handelt,
wie dankbar müssen wir uns
da erweisen, wo die Hilfe
immer erfolgt.
        dies sagt:
    In DANKBARKEIT

            Brigitte
          und Lina

Alles ist Liebe

für einen besonderen Menschen

für ... *Brigitte* ...

von ... *Brigitte* ...

als Dank

auch von Lina

Grafik Werkstatt Bielefeld

*L*ove
is all you
need.
All you
need
is Love.

*L*ieb haben
heißt herausfinden,
was der andere
braucht.

*L*ass die Liebe
in deinem Herzen wurzeln,
und es kann nur Gutes
daraus hervorgehen.

Augustinus

Das einzig Wichtige im Leben
sind die Spuren der Liebe,
die wir hinterlassen,
wenn wir gehen.

Albert Schweitzer

Die Liebe ist der Stoff,
den die Natur gewebt
und die Phantasie
bestickt hat.

Voltaire

In unserem Herzen
liegt der Wert der Welt.

Leopold Schefer

*W*orte,
die von Herzen kommen,
gehen zu Herzen.

Erinnerung
ist eine Blüte,
die im Herzen
nicht welkt.

Ruth W. Lingenfelser

*D*ie Liebe lebt
von liebenswerten
Kleinigkeiten.

Theodor Fontane

*G*ibt es schließlich
eine bessere Form,
mit dem Leben fertig
zu werden, als mit
Liebe und Humor?

Charles Dickens

In meinem Herzen
findet ein Fest statt,
und du bist mein
einziger Gast.

Art van Rheyn

*U*m den vollen Wert
des Glücks zu erfahren,
brauchen wir jemanden,
um es mit ihm zu teilen.

Mark Twain

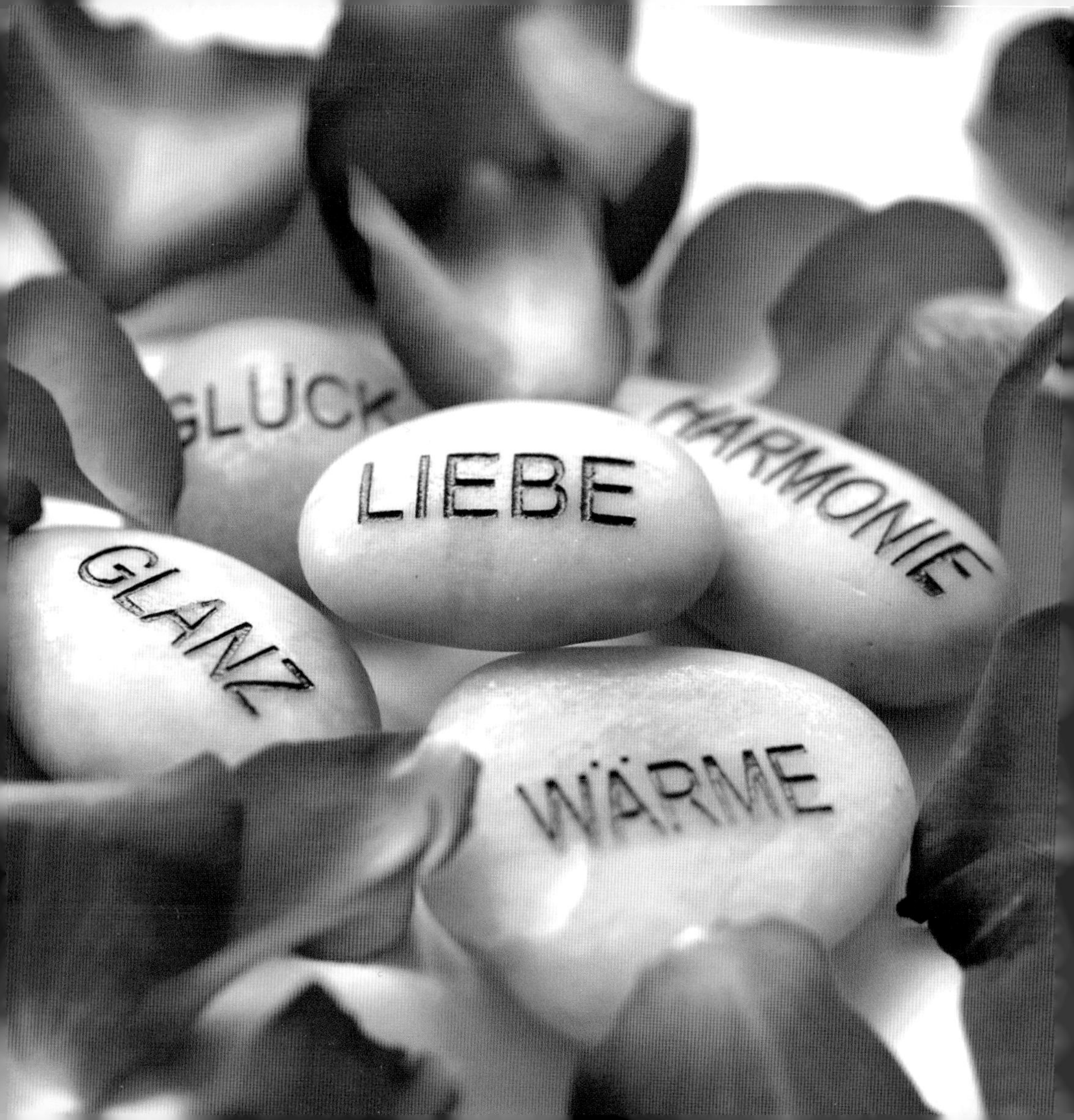
GLÜCK
LIEBE
HARMONIE
GLANZ
WÄRME

Liebe

hat nichts damit zu tun,
was man bekommen möchte,
sondern nur mit dem,
was man selbst geben will.

Katherine Hepburn

Der Schlüssel
zum Sinn des Lebens
liegt in den Händen
der Liebe.

Ernst Ferstl

Mit einer Kindheit
voll Liebe kann man ein
halbes Leben hindurch
für die kalte Welt
haushalten.

Jean Paul

Im Herzen der Menschen
lebt das Schauspiel der Natur;
um es zu sehen, muss man es fühlen.

Jean-Jacques Rousseau

Wo ich Liebe sehe,
ist mir immer,
als wäre ich im Himmel.

Johann Wolfgang von Goethe

Denn es muss
von Herzen kommen,
was auf Herzen
wirken soll.

Man muss
viele Frösche küssen,
bevor man den
Prinzen findet.

Zwei Menschen
vereinigen sich
am innigsten,
indem sie zugeben,
dass sie niemals
eins werden können.

Hans Carossa

*L*iebe ist,
im anderen aufzugehen,
ohne sich selbst
zu verlieren.

Helga Schäferling

*D*ie Seele kann
nicht leben ohne Liebe,
sie muss etwas lieben,
sie ist aus Liebe geschaffen.

Katharina von Siena

*D*er schönste Schatz
gehört dem Herzen an,
das ihn erwidern
und empfinden kann.

Friedrich von Schiller

Titel aus der Buchreihe
Dankeschön – für einen lieben Menschen
forever friends – für einen besonderen Menschen
Glückwünsche – für ein neues Lebensjahr

Idee, Konzept & Grafik: Yvonne Wagner, Bielefeld

Bildnachweis
Carina Jürgensmeyer, Seiten: 40 und 41
Digitalstock, Seiten: 28 und 29
Fotolia, Seiten: 36 und 37
Panther Media, Seiten: 4, 5, 26, 27, 42, 43, 44 und 45
Reinhard Becker, Seiten: 22 und 23
Yvonne Wagner, Seiten: Titelfoto, 20, 21, 36 und 37
Alle weiteren Fotos: Mit freundlicher Genehmigung von
Shutterstock, Inc.

Textnachweis
Hans Carossa, Seite 40: © Dr.hc. Eva Kampmann-Carossa

ISBN 978-3-940466-75-4
© Grafik Werkstatt Bielefeld,
www.grafik-werkstatt-bielefeld.de